Die Gedser Windkraftanlage

- die Mutter aller Windkraftanlagen

Die Gedser Windkraftanlage – Die Mutter aller Windkraftanlagen

Verfasser: Gitte Ahrenkiel, Ove Jeppesen, Jytte Thorndahl, Brian Mikkelsen u.a.
Herausgeber: www.gahrgalleri.dk / Gitte Ahrenkiel
Photos auf dem Buchumschlag: Gitte Ahrenkiel, Energie-Museum
Verlag: Books on Demand, Kopenhagen, Dänemark
Druck: Books on Demand GmbH, Norderstedt, Deutschland

Übersetzer: Joachim Rehder

ISBN: 9788771702415

Folgende haben dieses Buchprojekt mit wertvollem Material unterstützt, wofür wir uns herzlich bedanken:

Energie-Museum, Bjerringbro, Dänemark
Historisches Lokalarchiv Gedser, Dänemark
Dänisches Kultusministerium, Kopenhagen.

Die Übersetzung eines Buches ist eine literarische Arbeit in sich. Deshalb ein großes Dankeschön an Joachim Rehder für die wertvolle Übersetzung des Buches.

Inhaltsverzeichnis:

Vorwort:
"Eine gute Idee braucht nicht auch schön zu sein"
von Brian Mikkelsen, Mitglied des Folketing, Minister mit verschiedenen
Portefeuilles von 2001 bis 2011.   5

Johannes Juul – Pioner auf dem Gebiet von Windkraftanlagen   6

Die USA erneuert die Gedser Versuchsmühle   12

EXPO 2000 – Weltaustellung in Hannover   20

1993 - Die Gemeinde lehnt Denkmalschutz für die Gedser Mühle ab   22

2006 - Die Gedser Mühle als Teil des nationalen Kulturprojektes „Kulturkanon" 25

"Kulturkanon" - nicht das Gleiche wie Denkmalschutz   28

Nachsatz:
Die Gedser Versuchsmühle – eine dänische Geschichte über eine neue Technologie
von Jytte Thorndal, Leiter des dänischen Energie-Museums   31

Quellenangaben, Literaturhinweise   42

EIN GUTE IDEE BRAUCHT NICHT AUCH SCHÖN ZU SEIN

'Wer zuerst kommt, der mahlt zuerst' - ein sowohl deutsches als auch dänisches Sprichwort.
Die Gedser Versuchsmühle ist ein gutes Beispiel dafür, dass es sich bezahlt macht, vorne mit dabei zu sein. Dass Dänemark viele Jahre führend auf dem Gebiet von Windkraftanlagen war, hat zu tun mit dem Pioniergeist, der in Zusammenhang mit der Gedser Mühle entwickelt wurde.

In den Jahren um 1950 hat keiner den enormen Energiebedarf voraussehen können, der als Konsequenz des Wirtschaftswachstums in den 1960ern entstand. Belehrt durch die enorme Knappheit von Waren aller Art einschließlich von Energie während des 2. Weltkrieges, entwickelte der Elektroingenieur Johannes Juul vorausschauend den Gedanken, eine Ressource zu nutzen, die es im Überfluss gibt: Wind. Und die Versuchsmühle von Gedser war – ungeachtet der jetzigen Größenordnungen – zu damaliger Zeit die größte Windkraftanlage der Welt, als sie auf Grundlage von Johannes Juul's Erfahrungen mit anderen Versuchen im Jahre 1957 errichtet wurde.

Die Konstruktion ist später als zukunftsweisend erkannt worden, und die technischen Prinzipien der Gedser Mühle sind in moderne Windmühlen weitergeführt worden. Sie wird deshalb nicht zu Unrecht als die Mutter aller Windkraftanlagen bezeichnet. Die anspruchslose und effektive Art der Konstruktion ermöglichte eine stabile und betriebssichere Windmühle, was wiederum dazu führte, dass die Gedser Versuchsmühle in das landesweite Kulturprojekt „Kanon for Håndværk og Design" (übersetzt etwa: Im Kanon für gutes Handwerk und Design) aufgenommen wurde. Und dies obwohl der Vorsitzende des britischen Windenergie-Programms während eines Studienbesuches in Gedser zu Johannes Juul meinte: Sie hätten die Mühle aber auch etwas hübscher machen können.

Mein Ziel mit dem Kulturprojekt „Kanon" war von vornherein das Beste vom Besten zu erfassen.
Die Gedser Mühle gehört zweifellos dazu. Es ist nicht das Aussehen, dass in diesem Fall entscheidend ist.

Die Gedser Mühle ist für dänische Schüler ein Beweis dafür, wieweit man mit Ideenreichtum und Willenskraft kommen kann. Macht weiter so. Die Welt wartet auf starke Signale.

Brian Mikkelsen
Mitglied des Folketing (dän. Parlament)

Wirtschaftsminister vom 23.2.2010 – 3.2.2011
Justizminister vom 10.9.2008 – 23.2.2010
Kultusminister vom 27.11.2001 – 10.9.2008
Press Photo: Folketinget, ft.dk

JOHANNES JUUL –
PIONIER AUF DEM GEBIET VON WINDKRAFTANLAGEN

Foto eines Gemäldes, das bei einem Feuer im Hotel Falster im Juni 2014 vernichtet wurde. Es zeigt Johannes Juul links mit der Gedser Mühle im Jahre 1957, und rechts von der gleichen Mühle im Jahre 2007. Foto und Gemälde: Gahr

Johannes Juul (1887-1969) – dänischer Erfinder und Pionier auf dem Gebiet von Windkraftanlagen.
Er machte seinen Lehrabschluss als Elektriker in Jahre 1904 auf der Volkshochschule in Askov/Dänemark, wo der Leiter der Schule, Poul la Cour einen ersten Kursus als „Windelektriker" abhielt. Johannes Juul wurde 1914 staatlich geprüfter Elektriker, und hatte von 1915-1926 in Køge/Dänemark einen eigenen Elektriker-Betrieb.

Im Jahre 1926 bekam er eine Anstellung bei dem Stromversorger SEAS mit der Auflage, dass er unabhängig, jedoch im Rahmen der bei SEAS gegebenen Voraussetzungen forschen durfte.

Anfang 1930 erforschte er an einer Verbesserung von Kochgeräten, was später zur Entwicklung von elektrischen Herden führte, die dann bei der Firma Lauritz Knudsen (LK) hergestellt wurden.
Seine Erfindung des Elektroherdes im Jahre 1934 führte dazu, dass er im Jahre 1940 in den Landesverband

Dänischer Elektroingenieure aufgenommen wurde. Damit durfte er sich den Titel Elektroingenieur geben, obwohl er kein diesbezügliches Studium absolviert hatte.

Während des 2. Weltkrieges und danach gab es Versorgungsprobleme mit Kohle und Erdöl.
Johannes Juul schlug deshalb seinem Arbeitgeber SEAS vor, mit Experimenten zur Generierung vom Strom durch Windmühlen zu beginnen.

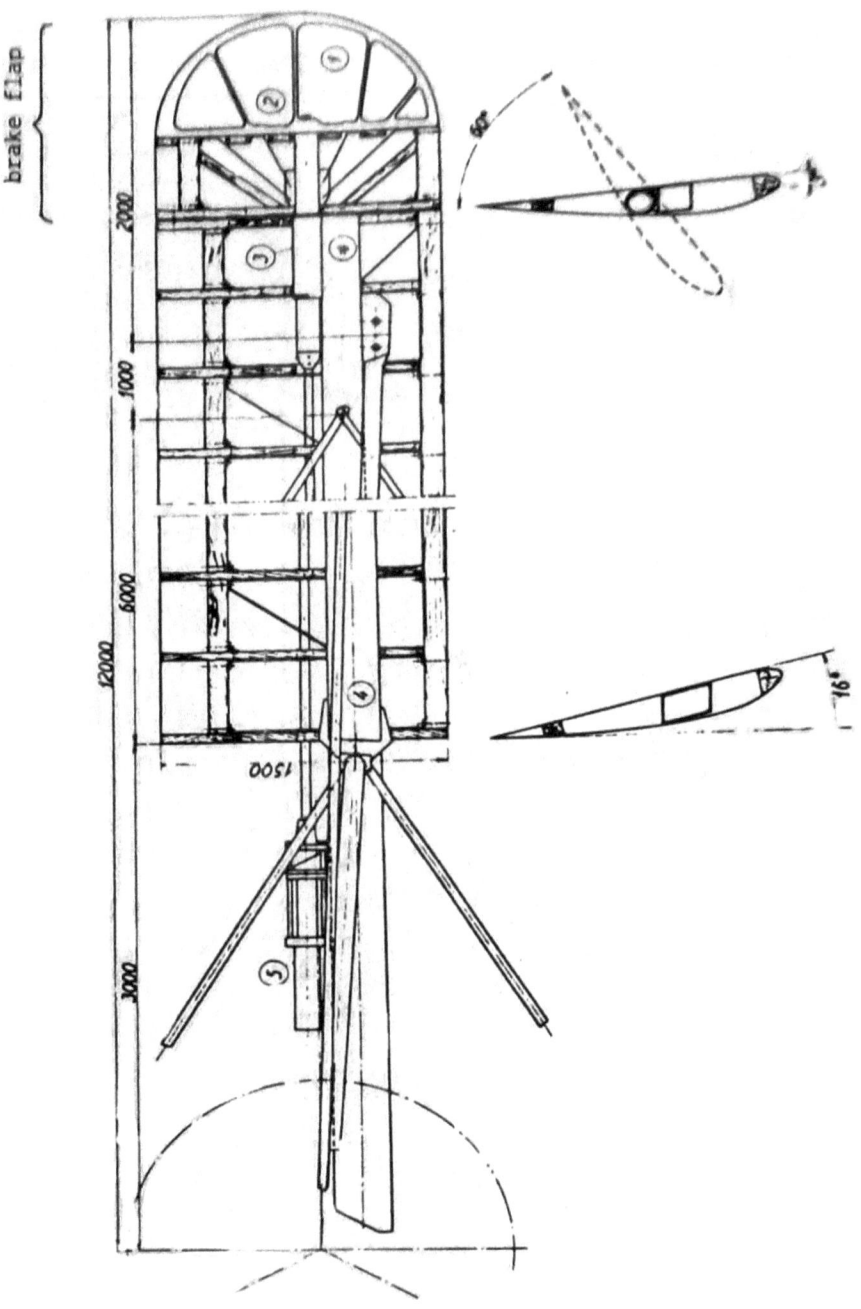

Die Versuche Juul's zeigten unter anderem, dass Windmühlenflügel mit einer Flugzeugtragflächen entsprechender aerodynamischer Ausformung viel effektiver waren als herkömmliche Flügel, wie man sie bei Flugzugpropellern findet.

7

Die erste Versuchsmühle war ein kleines 15 kW Projekt mit zwei Flügeln, die bei Vester Egesborg in der Nähe von Næstved errichtet wurde. Die Mühle funktionierte gut, aber die Konstruktionsweise mit nur zwei Flügeln führte zu vielen Erschütterungen der Mühle. Juul erkannte, dass drei Flügel der Mühle eine größere Stabilität verleihen würden.

Versuchsmühle nr. 2 wurde auf der Insel Bogø errichtet, wo SEAS eine alte Gleichstrommühle aus dem Krieg übernommen hatte. Die Mühle auf Bogø erhielt drei Flügel und wurde mit einem Wechselstromgenerator versehen. Sie war von 1952 bis in die 1960er Jahre in Betrieb, und produzierte in einem Jahr ca. 90000 kWh, also drei mal soviel wie die alte Mühle.

Auf Grund von Juul's Erfahrungen und unter seiner Leitung wurde 1957 eine dritte Versuchsmühle aufgestellt, die Gedser Mühle mit einer Nennleistung von 200 kW. Die Mittel hierfür kamen aus dem Marshall-Plan.

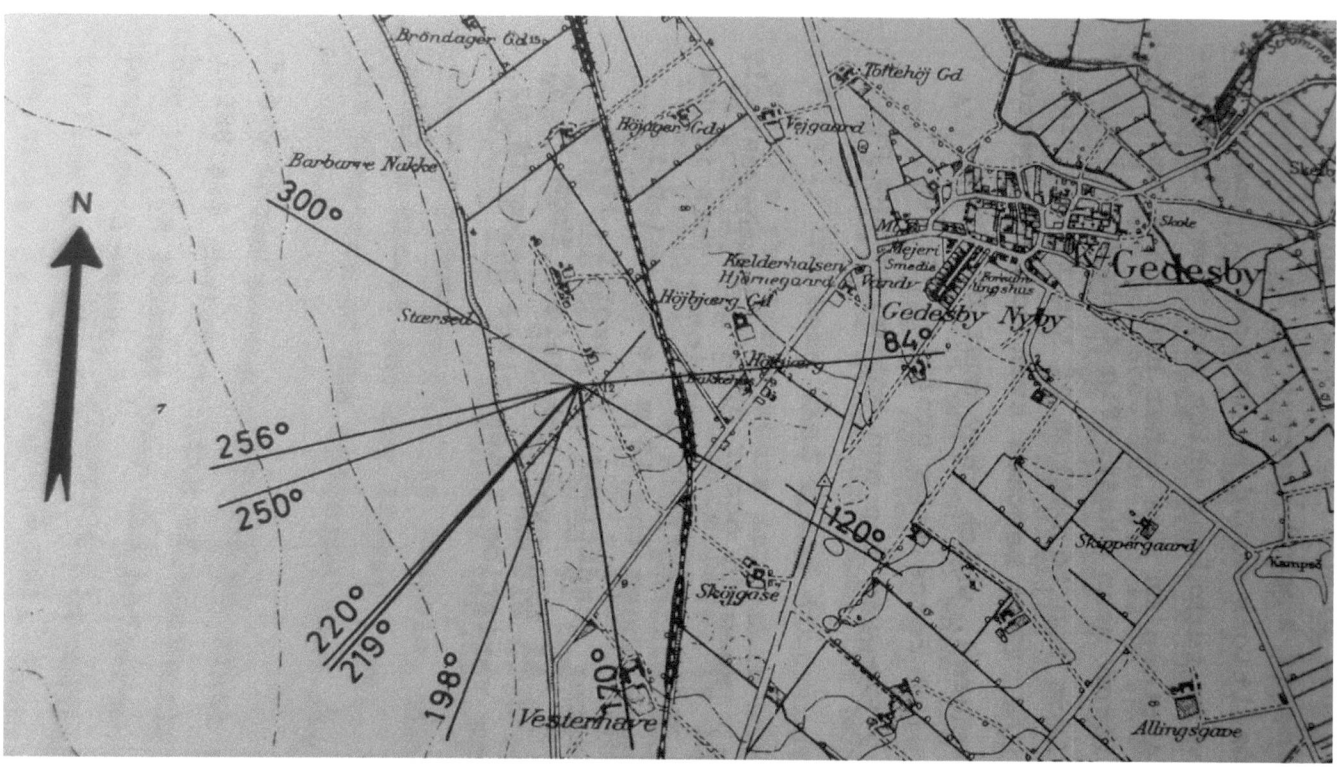

Die Gedser Versuchsmühle wurde am Korsagervej aufgestellt, gut 200 m von der Ostseeküste entfernt und mit guter Rundumsicht. Neben der Westküste von Jütland ist Gedser die windreichste Gegend in Dänemark. Die Karte zeigt die Windrichtungen bei angegebenen Profil-Beispielen.
Quelle: Gedser Test Group „Interim Report on the Measurement on the Gedser Wind Mill".

Die Versuchsmühle von Gedser am Korsagervej, nördlich von Gedser. Privatfoto.

Ein patentiertes Bremssystem sichert, dass die Mühle nicht außer Kontrolle gerät

Von Beginn an war die Gedser-Mühle mit einer Notbremse (Stall-Regulierung) an der Gondel auf der Spitze des 25 m hohen Turms ausgerüstet.

Diese Stall-Regulierung bedeutet, dass die Drehzahl nur bis zu einer bestimmten Windgeschwindigkeit erhöht werden kann, danach bleibt die Drehzahl stabil, unabhängig davon, wie sich die Windkraft steigert. Eine einfache und effektive Konstruktion sichert den stabilen Betrieb der Mühle. Außerdem hatte Juul an den drei Flügelspitzen Luftbremsen eingebaut. Diese können bei Bedarf ausgeklappt werden und verhindern, dass die Mühle überdreht. Dieses System hat Juul 1949 patentieren lassen.

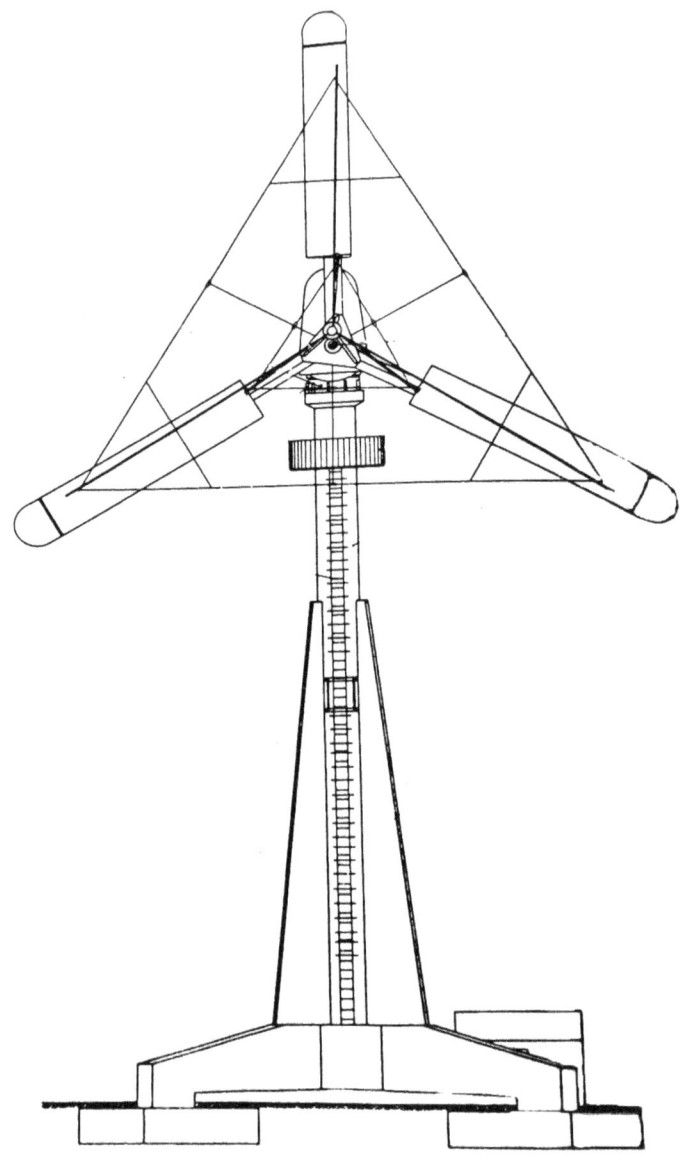

Die Zeichnung stammt von dem Bericht der Gedser Test Group „Interim Report on the Measurement of the Gedser Windmill".

Zwei an die Hauptachse angeschlossene Wechselstromgeneratoren sorgten für die Stromproduktion. Das Getriebe stammte von der Maschinenbaufirma F.L. Smidth. Ferner war die Anlage mit einem Asynchrongenerator versehen. Diese elektromechanische Windrichtungsnachführung sorgte dafür, dass die Flügel immer in optimaler Position zur Windrichtung standen.

Delegationen aus 23 Ländern besuchen die Gedser Mühle

Es zeigte sich bald, dass die Konstruktion der Gedser Versuchsmühle sich zum Prototypen für das spätere weltweit anerkannte **dänische Windkraftanlagen-Konzept** entwickelte.

"Die Gedser Mühle, die damals die Mühle mit der weltweit größten Nennleistung war, erhielt eine große internationale Beachtung. Im Laufe der Jahre besuchten Delegationen aus 23 Ländern die Anlage, und machten sich mit dem Design und technischen Spezifikationen vertraut. Aus Großbritannien kam der Leiter des staatlichen Windkraftprogramms mit seinen Mitarbeitern nach Gedser. Er war sehr beeindruckt, und fragte Juul dennoch folgendes: "Hätten sie die Mühle nicht etwas hübscher aussehen lassen können"? Juul antwortete: "Alles funktionelle ist im Prinzip auch hübsch".

Quelle: Monatszeitschrift "Naturlig Energi".
December 2013.

1962 – Billiges Erdöl macht die Gedser Versuchsmühle überflüssig

Im Jahre 1962 stellte der Ausschuss für Windkraft des Dänischen Elektrizitätswerksverbandes (Danske Elværkers Forening) fest, dass es als Folge des niedrigen Erdöl-Preises nicht länger rentabel war, Strom mit Windkraftanlagen zu produzieren. Die Gedser Mühle lief jedoch noch bis ein Getriebeschaden im Jahre 1967 sie stoppte. Zu dem Zeitpunkt lief sie zehn Jahre und war Inhaber eines inoffiziellen Weltrekords für fehlerfreien Betrieb. Im Rekordjahr 1964 produzierte die Mühle 367000 kWh.

DIE USA ERNEUERT DIE GEDSER VERSUCHSMÜHLE

Als Folge der Energie-Krise Anfang der 1970er wurde die Gedser Versuchsmühle 1977 mit Unterstützung von der NASA, der amerikanischen Energieforschungsinstitution ERDA, dem amerikanischen Energie-ministerium (DOE) u.a. repariert und wieder in Betrieb genommen. Ein neues zweijähriges Messprogramm zur näheren Untersuchung der Technologie der Mühle wurde implementiert, da die alten Messdaten verloren gegangen waren.

1975 hat NASA mit einer zweiflügeligen Versuchsmühle in Sandusky, Ohio, eine eigene Versuchsreihe begonnen. Die Flügel waren aus Aluminium und von Lockheed hergestellt.
Die Erprobungen zeigten strukturelle Probleme an den Flügelhalterungen.
Foto: Martin Brown. Public Domain. Wikipedia.org.

Lolland-Falster Folketidende, 08.09.1976:

Zum dritten Mal Feuer in der Nähe der Gedser Mühle

Zum dritten Mal in weniger als einer Woche entstand ein Feuer in der näheren Umgebung der Gedser Mühle. Erste Untersuchungen ergaben, dass Funken von einem Schweißgerät Gras und den Zaun an der Mühle angezündet hatten. Die schwierige Arbeit mit dem Abnehmen der Windmühlenflügel wurde etwas verzögert. Es wird damit gerechnet, dass diese Arbeit heute ausgeführt werden kann.

Lolland-Falster Folketidende, 9.9.1976:

Die Flügel werden entfernt

Mit einem großen Kran wurden in den letzten beiden Tagen die Flügel des Gedser Mühle entfernt.
Danach soll das Maschinenhaus (Gondel) entfernt werden um zu sehen, ob sich die fehlerhaften Teile wieder instandsetzen lassen. Sollte sich zeigen, dass dies wirtschaftlich vernünftig gemacht werden kann, werden anschließend Tests durchgeführt, die zeigen sollen, ob und wie die Windenergie genutzt werden kann.

Lolland-Falster Folketidende, 5.10.1976:

Die Reparatur der Gedser Mühle wird teuer, doch weniger als befürchtet

(...) Die bis jetzt an Flügeln und Maschinenhaus vorgenommenen Untersuchungen zeigen, dass die Kosten für eine Instandsetzung auf zwischen 250000 und 500000 Kronen veranschlagt werden.

Fachzeitschrift „Ingeniøren", 17.10.1976:

Amerika zeigt großes Interesse an der Gedser Mühle

Die Gedser Mühle hat bei den Amerikanern großes Interesse geweckt. Entscheidend hierfür ist insbesondere die Einfachheit und Robustheit der Konstruktion. Aber auch weil der Betonturm und die drei Flügel sich sehr von den in den USA gebauten Windmühlen unterscheiden. In den USA werden hauptsächlich Stahlgittermasten mit nur zwei Flügeln gebaut.

Ny Dag, 26.04.1977:

Reist in die USA um über Windkraftanlagen zu diskutieren

In der nächsten Woche reisen Ingenieur Mogens Johannsen vom Verband Dänischer Elektrizitätswerke zusammen mit Projektleiter Vagn Rasmussen vom regionalen Elektrizitätswerk SEAS in die Vereinigten Staaten von Amerika, um über Windkraftanlagen zu sprechen. Die Finanzierung des Projektes Gedser Mühle ist jetzt gesichert. Staatliche Mittel in Höhe von 11,2 Mio. Kronen sowie 3 Mio. Kronen des Elektrizitätswerkverbandes sind zur Verfügung gestellt worden.

Ny Dag, 24.09.1977:

Neue Flügel auf der Gedser Mühle

(...) Die amerikanische Energieforschungsorganisation ERDA ist mit der Durchführung der Aufgabe betraut worden und beteiligt sich an den Kosten der Instandsetzung der Mühle.

Das Foto zeigt die große Nabe und das Zahnrad der Mühle.

Lolland-Falster Folketidende, 11.11.1977:

Messprogramm an der Mühle eingeleitet

(...) Die Gedser Test-Gruppe, mit Vertretern des Atom-Forschungszentrum in Risø, des Schiffstechnischen Laboratoriums in Kopenhagen und Dänemarks Technischer Hochschule, ist für die Durchführung des Messprogramms verantwortlich, während die Elektrizitätsgesellschaft SEAS für den Betrieb der Mühle zuständig ist.

Einer der drei Flügel ist mit vielen kleinen Streifen versehen, um herauszufinden, welche Einwirkung der Wind auf die Rückseite des Flügels hat.

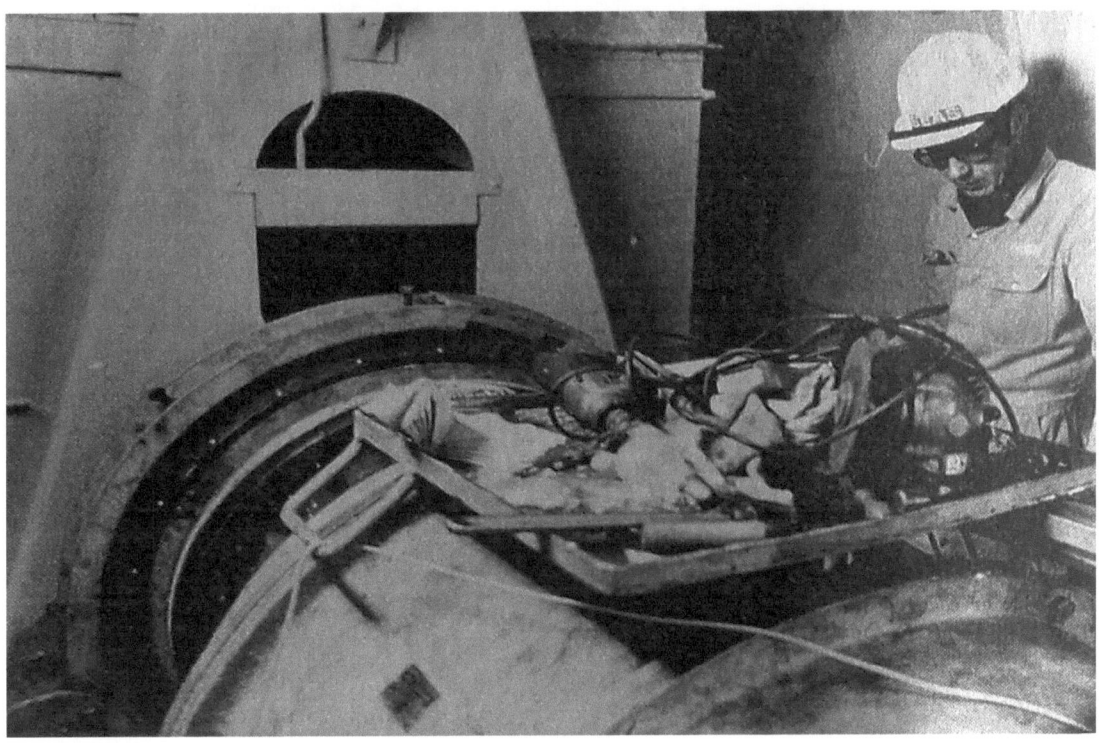

Der Generator und das Getriebe sind an der Spitze der Mühle angebracht. Sie werden hier von Hans Schmidt von der Firma Sønderjyllands Maskinfabrik betrachtet, welche die technischen Teile der Mühle instandsetzen. (Foto: Anders Knudsen)

Lolland-Falster Folketidende, 26.5.1978:

Die Gedser Mühle wird den ganzen Sommer über in Betrieb sein

(...) Die bis jetzt eingesammelten Daten sind sehr umfassend. Zunächst hat man untersucht, wie viel Strom bei den verschiedenen Windgeschwindigkeiten produziert wird, welches sehr schwer zu messen war. Ferner hat man versucht herauszufinden, welche Kräfte auf die Mühle und insbesondere Flügel einwirken. Außerdem hat man die Stabilität der Stromproduktion untersucht, also ob „das Licht flackert". (...) Ebenso hat man verschiedene Lärmmessungen durchgeführt, die in einem Bericht beschrieben werden sollen.

Versuchsstation für Windmühlenflügel

Sydfalster Nyt, 18.08.1978:

Windmühle in Gedser außer Betrieb

Mitte November letzten Jahres begann man mit ersten Messungen an der instandgesetzten Versuchsmühle in Gedser. Damals rechnete man damit, dass das Messprogramm über einen Zeitraum von etwa eineinhalb Jahren abgewickelt werden konnte. Aufgrund eines Getriebeschadens wird erwartet, dass der Versuchszeitraum länger als geplant sein wird. Zum Oktober, wenn die Herbststürme einsetzen, hofft man die Mühle wieder in Betrieb nehmen zu können.

Das schadhafte Getriebe, welches die Flügel mit dem Wechselstromgenerator verbindet, wird durch ein Getriebe neuen Typs ersetzt. Die dadurch entstehenden Mehrkosten in Höhe von 150000 Kronen werden aus Mitteln des Verbandes Dänischer Elektrizitätswerke sowie von der amerikanischen Energieforschungsorganisation ERDA gedeckt.

Ny Dag, 13.10.1978:

Gedser Mühle wieder betriebsbereit

Die im August havarierte Gedser Mühle ist wieder funktionstüchtig, um die früher begonnenen Energiemessungen fortzusetzen.

Die Mühle erhielt einen neuen Typ von Getriebe, nachdem das ursprüngliche Getriebe im August beschädigt wurde und nicht mehr funktionierte.

Gestern wurde letzte Hand angelegt, sodass die Mühle wieder bereit ist um verschiedene Kapazitätsmessungen bei unterschiedlichen Windstärken und Windrichtungen durchzuführen.

Ny Dag, 06.04.1979:

Wertvolle Messungen beim Betrieb der Gedser Mühle

Sie sorgt sowohl für Energie als auch für Störungen des Fernsehempfangs

Falls man in den kommenden Jahren zur Energieversorgung in größerem Umfang ein Netz von Windmühlen baut wird man nicht umhin können, in sehr hohe Gemeinschaftsantennen und Kabel-TV zu investieren.

Die gerade abgeschlossenen Messungen an der Gedser Mühle haben gezeigt, dass die Mühle großen Einfluss auf die Qualität des Fernsehempfangs hat.

Die Gedser Mühle hat in einem Abstand von bis zu 100 m zu erheblichen Bildstörungen geführt, die auch bei einem Abstand von 200 bis zu 300 m noch sichtbar gewesen sind. Weiterhin sind ähnliche Störungen beim Radio-Empfang festgestellt worden. Außerdem wurde auch im Abstand von 50 bis 100 m ein nicht unerheblicher Lärm festgestellt. Hingegen erwiesen sich Befürchtungen, dass die Mühle zu Kollisionen mit Vögeln führen wird, als unbegründet.

Die Messungen … haben sich mit verschiedenen wesentlichen Aspekten für die Konstruktion von Windkraftanlagen befasst. Insbesondere handelt es sich um die Leistung der Mühle bei verschiedenen Windgeschwindigkeiten und Richtungen, sowie um die Belastung an den Windmühlenflügeln und dem Turm. Die Erfahrungen der Gedser Mühle sollen mit den Erfahrungen von amerikanischen Mühlen verglichen werden und in die Planung eines Messprogramms bei den beiden großen 630 kW Mühlen bei Nibe in Nordjütland eingehen.

Die Gedser Mühle, umgeben von verschiedenen Messgeräten und einem meteorologischen Gittermast. Das Foto stammt vom Bericht der Gedser Test Group – Sept. 1978 – Jan. 1979, und ist vom Gedser Lokal-Archiv zur Verfügung gestellt worden.

EXPO 2000 – WELTAUSTELLUNG IN HANNOVER

Unter der Überschrift „Menschen-Natur-Technik" wurde am 1. Juni 2000 die Weltausstellung in Hannover eröffnet. Man rechnete damit, dass etwa 40 Millionen Personen die bis Ende Oktober dauernde Ausstellung besuchen würden, darunter zirka 60000 Dänen.

Der Transportunternehmer Ove Jeppesen und seine Ehefrau Joan aus Gedser wurden von zwei Firmen eingeladen, die Ausstellung vom 26.-28. Oktober 2000 zu besuchen. Zum Glück hatte Ove Jeppesen seinen Fotoapparat mit und konnte so verewigen, was das große Gesprächsthema im dänischen Pavillon war: Die Gedser Mühle.

Gedser møllen fra 1957 til 1979 verdens længste levetid med turbine, konstruktionen danner basis for senere generatorer af vindturbiner.

Gedser var fremhævet på den danske stand.

Die Bilder hat Jeppesen nachfolgend in sein Fotoalbum geklebt, und seine Frau hat auf der Schreibmaschine die Texte geschrieben. Diese Dokumente sind somit der Nachwelt erhalten.

Für Jeppesen bedeutete die EXPO 2000 ein freudiges Wiedersehen mit der Gedser Mühle. Und das nicht nur weil er ein Bürger von Sydfalster ist, sondern auch weil er als Fuhrunternehmer an der dänisch-amerikanischen Wiederaufstellung der Gedser Mühle in den 1970er Jahren einen erheblichen Anteil hatte.

„Man hat mich gebeten das neue Getriebe zum Korsagervej zu fahren, wo die Mühle steht. Das Getriebe war groß und ziemlich schwer, und der LKW kaum zu steuern. Besonders schlimm war es am Bahnübergang, wo der Sandweg einen scharfen Knick macht. Der LKW neigte sich unter der schweren Last, und wäre fast umgekippt".

Jeppesen musste alle Kräfte aufbieten um die teure Ladung auf dem Weg zu halten. Wäre das teure Getriebe vom LKW gefallen, hätte sich das Versuchsprojekt mit der Gedser Mühle noch mehr verzögert.

Obwohl über 40 Jahre alt, zeigt das Foto immer noch deutlich die steile Kante und Kurve am Bahnüberhang. Im Hintergrund sieht man die kleinen, in den 1940er Jahren gebauten Bauernhöfe. Links erhebt sich auf der Anhöhe majestätisch die Gedser Mühle.

Der Winter 1978/79 wird als der schlimmste Winter des Jahrhunderts bezeichnet. Den meisten Schnee gab es auf Lolland und Falster. Das Unwetter wurde dort als „Schneekrieg" erhielt.

Auch dass Gebiet um die Gedser Mühle wurde schwer betroffen. Auf dem Foto schiebt der Fuhrunternehmer Ove Jeppesen mit einem Bagger die Schneewehen auf dem Korsagervej zur Seite. Im Hintergrund sieht man die Gedser Mühle und rechts den meteorologischen Messturm.

Privatfoto, 1979: Ove Jeppesen.

1993 – DIE GEMEINDE LEHNT DENKMALSCHUTZ FÜR DIE GEDSER MÜHLE AB

Im Jahre 1993 erhielt das Energiemuseum die Information, dass die alte Gedser Mühle von 1957 abgerissen werden sollte. Falls das Energiemuseum daran interessiert sei, würde man die Gondel und die Flügel dem Museum zur Verfügung stellen. Es wurde versucht, die Mühle unter Denkmalschutz zu stellen. Die hierfür zuständige Behörde war grundsätzlich positiv eingestellt. Die zuständige Gemeinde (Sydfalster Kommune) und der Grundbesitzer hingegen zogen es vor, auf dem alten Turm eine neue und moderne Mühle zu installieren.
Falls das Energiemuseum kein Interesse an Gondel und Flügel haben würde, wollte man die Mühle verschrotten.

Mit Hilfe des Windmühlenherstellers Wincon und des Forschungsinstitutes Risø wurde die Gondel sowie die Flügel vom Turm abgenommen und ins Energiemuseum nach Bjerringbro gebracht. Es zeigte sich, dass insbesondere die Windmühlenflügel in schlechtem Zustand waren, sodass sie nicht unmittelbar Besuchern zugänglich gemacht werden konnten. Viele Jahre hindurch versuchte das Museum an Mittel zu kommen, um die Flügel zu renovieren. Im Jahre 2004 war es soweit.
Die dänische Elektrizitätsgesellschaft E 2 stellte einen namhaften Betrag zur Verfügung, und schon ein Jahr später konnte das Museum die Gedser Mühle einweihen. Es ist eines der wichtigsten Kleinodien des Museums.

(Quelle: http://www.bjerringbro-avis.dk/default.asp?show=page&id=3836)

Die Gondel und zwei Flügel werden am Energiemuseum aufgestellt. Der dritte Flügel wird auf Lager gelegt. Das Foto wurde vom Energiemuseum zur Verfügung gestellt.

Die Stamm-Mühle schaut auf ihre Nachkommen – Der Windmühlenpark vor Nysted in der Ostsee.
Foto: Ove Jeppesen

Die Stamm-Mutter aller moderner Windmühlen hat eine neue Gondel und neue Flügel erhalten, aber ihre Bedeutung ist unverändert. Dies gilt sowohl für die wirtschaftsgeschichtliche Bedeutung als auch für die Rolle als Stromproduzent in den Jahren 1957 – 1967 sowie für die dänisch-amerikanische Versuchsperiode 1977 – 1979 : Die Mühle hat Strom für ganz Falster geliefert.

Den markanten Mühlenturm aus Beton kann man schon von weitem sehen, unter anderem auf der E 55 von Gedser nach Kopenhagen.

Der Turm unterscheidet sich erheblich von den neueren Windmühlen in der Gegend, also auch vom Nysted Windmühlenpark, der auf den Fotos im Hintergrund zu sehen ist.

23

Der Turm dient vielen als Orientierungspunkt und Wetterfahne, weil man sehen kann in welche Richtung die Flügel zeigen.

Die markante Erscheinungsweise der Mühle führte zu vielfältigen Anfragen. Deshalb ist dieses Buch geschrieben worden – eine Touristenbroschüre auf dänisch, deutsch und englisch.

Ugeavisen, 29.06.2004:

De 72 havvindmøller ved Nysted producerer årligt ca. 500 kWh, svarende til elforbruget i 110.000 parcelhuse! Det interesserer på ingen måde sælerne i området, som man måske også kan få et glimt af på bådudflugten.

Die 72 Meereswindmühlen bei Nysted produzieren ca. 500 Millionen kWh, was dem Stromverbrauch von ca. 110000 Einfamilienhäusern entspricht. Die auf dem Foto zu sehenden Robben, scheinen sich kaum für die Windmühlen zu interessieren.

2006 – DIE GEDSER MÜHLE ALS TEIL DES NATIONALEN KULTURPROJEKTES "KULTURKANON"

Unter dem damaligen Kultusminister Brian Mikkelsen wurden sieben Ausschüsse mit der Aufgabe gebildet, die wichtigsten dänischen Kunstwerke zu benennen.
Im Januar 2006 wurde die Auswahl der Werke veröffentlicht. Es handelt sich um 108 Werke auf den Gebieten Architektur, bildende Künste, Design und Kunsthandwerk, Film, Literatur, Musik, Theater und Kulturangebote für Kinder.
Das Projekt war gedacht als Eingang in das dänischen Kulturerbe, mit der Zielsetzung, eine qualifizierte Debatte über den Themenbereich „dänische Kunst und Kultur" führen zu können.

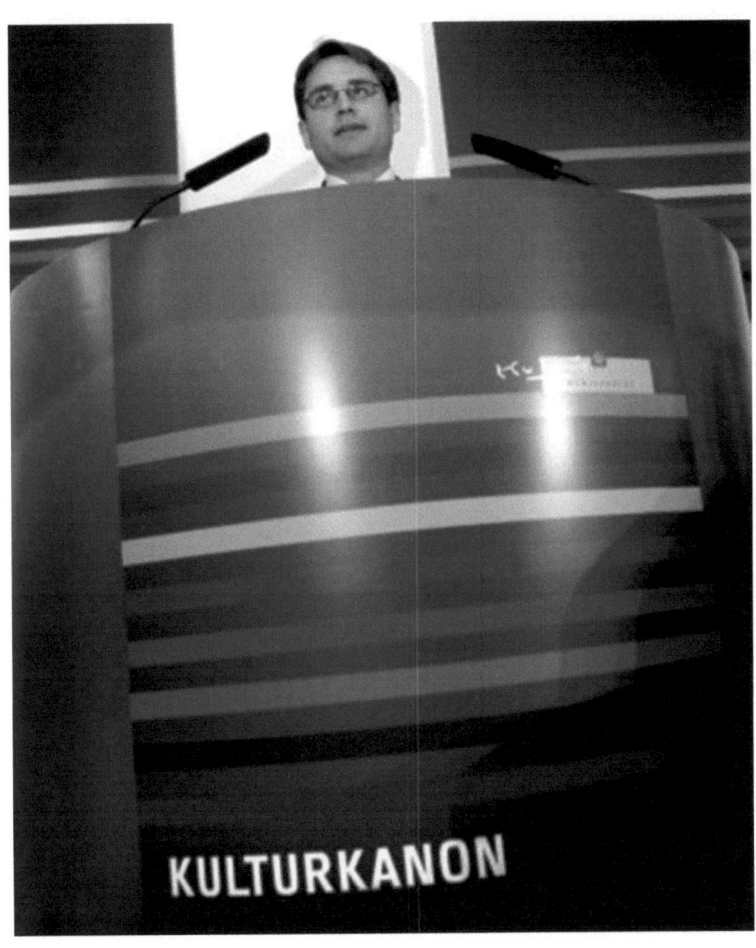

„Kulturkanon" wird von Kultusminister Brian Mikkelsen vorgestellt. Foto: Keld Navntoft/scanpix

Kultusminister Brian Mikkelsen nannte folgendes:

„Dies ist ein historischer Tag für die dänische Kultur. Mit Stolz und Freude präsentiere ich die Vorschläge der sieben Ausschüsse zum Thema „Kulturkanon". „Kulurkanon" enthält phantastische Kunstwerke, die sich in unser Bewusstsein einprägen und zusammenhängend erzählen, wie sich die Kunst auf zentralen Gebieten in Dänemark entwickelt hat. Die Ausschüsse haben mit einer enormen Arbeit, großem fachlichen Engagement und Wagemut die Werke ausgewählt, die uns alle erfreuen werden.
(Quelle: Pressemitteil. Kulturministerium, 24.1.2006)

AUSSCHUSS FÜR DESIGN UND KUNSTHANDWERK:

Merete Ahnfeldt-Mollerup (Vorsitzende) – Lektor und Architektur
Ursula Munch-Petersen - Keramiker
Louise Campbell - Designer
Erik Magnussen – Designer und Keramiker
Astrid Krogh - Designer

(...) Im Ausschuss für Design und Kunsthandwerk wurde uns schnell klar, dass die Auswahl schwer wurde. Es gibt hunderte guter Werke, doch welches soll es sein: eine Steinaxt, ein Wegner-Stuhl, oder das Christiania-Fahrrad, vielleicht auch eine Eiswürfel-Tüte? Wir mussten uns entscheiden.
Die zwölf von uns gewählten Werke erzählen alle eine Geschichte über dänisches Design. Wir hätten viele Gegenstände in den verschiedenen Kunsthandwerk- und Design-Gruppierungen finden können: grafisches Design, Textildruck, Webkunst, Keramik, Möbeldesign, Bekleidung, Schmuck, Glas, industrielles Design usw.

AUSGEWÄHLT WURDEN:

1. Wikingerschiff „Havhingsten"
2. Schmuck von Flora Danica
3. Das Lebenswerk von Thorvald Bindesbøll (Architekt und Designer)
4. Das Lebenswerk von Knud V. Engelhardt (Architekt, Vertreter des Funktionalismus)
5. Das Lebenswerk von Marie Gudme Leth (Kunsthandwerker)
6. Lampenschirme von PH
7. Teeservice
8. **Die Gedser Mühle**
9. Stuhl von Verner Panton
10. Stuhl aus aufgeschäumten Polymer
11. Möbelrollen von Kevi
12. Fassadensystem

DIE BEGRÜNDUNG DES AUSSCHUSSES BEZÜGLICH DER GEDSER MÜHLE

Dänemark ist seit vielen Jahren führend auf dem Gebiet der Windmühlen-Technologie. Dies ist zum großen Teil zurückzuführen auf die mit der Gedser Mühle durchgeführten Arbeiten und Untersuchungen.

In den 1950er Jahren war man sich noch nicht darüber im Klaren, dass fossile Brennstoffe den Hauptteil der Energieversorgung ausmachen würden. Deshalb ist es nicht verwunderlich, dass man in Dänemark – wohlgemerkt kannte man zu diesem Zeitpunkt weder Erdöl- noch Gasvorkommen – Versuche zur Energiegewinnung machte mit dem „Rohstoff" der reichlich vorhanden ist: Wind.
Die Gedser Mühle war – abgesehen von einigen kleineren Mühlen – die erste große Mühle, die haltbar war und die Grundlage bildete für die Entwicklung von ähnlichen Mühlen sowohl in Dänemark als auch im Ausland. Der nächste Schritt – für viele nur symbolisch – war die Entwicklung der Tvind-Mühle, die für eine ganze Generation den Traum von einer nachhaltigen Energieversorgung repräsentierte.

Das Design einer Windmühle setzt voraus, dass man eingehende Kenntnisse von Statik und Wind besitzt. Ingenieure dieser Fächer besitzen diese Qualifikationen. Windmühlen haben sich zu einem Symbol für das heutige Dänemark entwickelt, sind ein wesentlicher Teil unserer Kultur geworden, und grüßen uns bei der Einfahrt in den Hafen von Kopenhagen und an vielen anderen Orten.

(Quelle: Kultusministerium . KUM_kulturkanonen_OK2(1).pdf)

"KULTURKANON" - NICHT DAS GLEICHE WIE DENKMALSCHUTZ

Die Gedser Mühle südlich der Klein-Pächter Höfe am Korsagervej in Gedser. Foto: gahr, 19.4.2015

Während der Vorbereitungen für diese Broschüre über die Gedser Mühle wurde das Kultusministerium gefragt, inwieweit die Aufnahme der Mühle in das „Kulturkanon-Projekt" sowohl den Turm als auch Gondel und Flügel beinhaltet.

Die Antwort des Kultusministerium bezüglich der Gedser Mühle:
„Das Kultusministerium kann leider die Frage nicht beantworten, inwieweit die Aufnahme in das „Kulturkanon-Projekt" den Turm, Die Gondel und die Flügel umfasst. Der Grund hierfür ist dass die Entscheidung von einem aus diesem Anlass eingesetzten Ausschuss getroffen wurde.
Das Kulturministerium teilt jedoch mit, dass die Aufnahme der Gedser Mühle in das „Kulturkanon-Projekt" keinen juristischen Status beinhaltet.

(Quelle: Mail des Kultusministeriums, 10. April 2015)

Im Jahre 1993 lehnte es die Gemeinde Sydfalster ab, die Gedser Mühle unter Denkmalschutz zu stellen. Glücklicherweise hat man die Flügel in das Energiemuseum aufgenommen.
Die Gedser Mühle hat jetzt eine moderne Gondel auf den alten Turm.

Folketidende Lolland-Falster, 25.01.2006:

Die "Kanonmühle" steht zwischen Klein Pächter Höfen
Ein örtlicher Kultur Experte warnt, dass sich der Status des Gebietes ändern kann.

Von Bjarne Arildsen

Die Gegend um den Korsagervej, wo die Gedser Mühle steht, hat eine besondere Geschichte.
Das Gebiet gehörte ursprünglich zu dem Bauernhof „Strandgaard". Dieser Hof brannte Ende der 1930 Jahre ab, und die landwirtschaftliche Fläche wurde um 1940 in vier kleinere Höfe (Statsmandsbrug) parzelliert. Die in diesem Zusammenhang erlassene Gesetzgebung aus dem Jahre 1919 hatte die Zielsetzung, die Verelendung auf dem Lande zu bekämpfen. Der den Kleinpächtern zugeteilte Boden war jedoch nicht geeignet, um große Überschüsse zu erwirtschaften, schreibt Sven Thorsen in einem diesbezüglichen Bericht.

Ein charakteristisches Aussehen

Ursprünglich hatten diese kleinen Höfe eine Größe von 5,5 ha, erhielten jedoch 1945 noch einmal je 1,5 ha auf der anderen Seite der Eisenbahnlinie nach Gedser.
Die Bauernhäuser der vier Höfe – Korsagervej 8, 10, 12 und 14 – wurden mit gelben und roten Mauersteinen gebaut. Bei allen sind die Betriebsgebäude erhalten und bei einem, der Nummer 8, ist noch der ursprüngliche Garten des Hofes „Strandgaard" zu sehen.

Die Häuser sind gekennzeichnet durch die charakteristischen Züge der Kleinpächterhöfe, wie der Kulturbericht für die Gemeinde Sydfalster feststellt.

Etwas südlich vom Hof Korsagervej 14 steht die Gedser Mühle, die jetzt in das „Kulturkanonprojekt" von Kultusminister Brian Mikkelsen unter der Rubrik Design aufgenommen wurde. Die Mühle (...) wurde in den Jahren 1956 – 1957 mit Mitteln des amerikanischen Marshall-Plans gebaut.

In der Denkmalschutzliste der Guldborgsund Kommune ist die Gedser Mühle nicht genannt.
(Quelle: https://www.kulturarv.dk/fbb/fredningsliste.htm)

In 2014 wurde die alte Gleichstrommühle an der Gedser Hauptstrasse aus unbekannten Gründen abgerissen und entfernt. Die Mühle wurde 1942 von Fl. Smidth errichtet. Ein Stück Wirtschaftsgeschichte ist damit endgültig verloren. Foto: gahr, 13.8.2014

POSTSKRIPTUM:

Gondel und Flügel der Gedser Mühle sind der Nachwelt gesichert.
Sie befinden sich beim Energiemuseum in Bjerringbro.
Foto: Energimuseet – http://energimuseet.dk/Energiemuseum-Startseite.aspx

DIE GEDSER MÜHLE -
EINE DÄNISCHE GESCHICHTE ÜBER EINE NEUE TECHNOLOGIE

von Jytte Thorndal, Museumsdirektor des Energiemuseums.

Auf dem Wege zu einem Treffen in Stockholm besuchten im Jahre 1974 die beiden Amerikaner Louis Divone und Joseph Savino Dänemark. Ihre Aufgabe war für die amerikanische Raumfahrtorganisation NASA und den Wissenschaftsfond NSF zu untersuchen, ob Windmühlen als alternative Energiequelle genutzt werden könnten.

Ihre dänischen Gastgeber zeigten ihnen die Gedser Mühle, die zu diesem Zeitpunkt die einzige moderne Windmühle und ohne größere Schäden über 10 Jahre in Betrieb gewesen war. Sie war modern weil sie Wechselstrom produzierte. Frühere dänische Mühlen basierten auf Gleichstrom. Als die beiden Amerikaner in der Gondel sich an den etwas verrosteten Generator lehnten und auf etwas aufmerksam wurden, begannen sie zu lachen.

Was sie sahen war das Sicherheitsrelais des Konstrukteurs Johannes Juul. Es bestand aus einem wasserdichten Schalter, der umgekehrt mit einer Kugel so angebracht war, dass die Kugel bei größeren Erschütterungen der Mühle auf den Kontaktarm des Schalters fallen und die Stromzufuhr zum Netz unterbrechen würde. Gleichzeitig würde die Mühle stoppen.

Das dies einfach, billig und sehr genial war, ging den beiden Ingenieuren sehr schnell auf, und das Lachen wurde von Bewunderung und Anerkennung abgelöst. Die zukünftige Windmühlen-Technologie sollte auf diese Art von einfachen Problemlösungen aufgebaut werden.

Das Sicherheitsrelais von Johannes Juul bestand aus einem wasserdichten Schalter, der auf dem Kopf stehend mit einer an einer Schnur festgemachten Kugel auf einer kleinen Erhöhung befestigt war. Bei größeren Erschütterungen der Mühle fiel die Kugel runter und unterbrach damit die Stromzufuhr zum Netz und stoppte gleichzeitig die Mühle.
Foto: Geliehen vom Energiemuseums

Das dänische Konzept

Heute gibt es niemanden, der die seit vielen Jahren auf dem Weltmarkt führende Rolle der dänischen Windmühlen-Technologie auslacht. Viele Jahre lang hielten sich mehrere der dänischen Mühlen-Hersteller an das von Johannes Juul angewandte Design der Gedser Mühle, einschließlich der Anwendung des umgedrehten Relais. Die Firma Siemens (ursprünglich Bonus) mit Firmenhauptsitz in Brande (Jütland) benutzte bis weit in die 1990er Jahre das Design von Juul mit den drei Überdreh- regulierten Flügeln, den Bremsen an den Spitzen der Flügel und dem asynchronen Motor als Generator. Im Ausland wurde dieses Design mit den drei Flügeln als „dänisches Konzept" bekannt.

Ein einfaches und klares Design zeichnete die Gedser Mühle aus: Überdreh-gesicherte Flügel (stall-gesichert), die dafür sorgten, das die Mühle bei Windgeschwindigkeiten über 18 msec automatisch gestoppt wurde. Auf der anderen Seite waren die Flügel so dimensioniert, dass sie schon bei 6 msec Strom produzierten. Eine Wetterfahne und damit verbundene elektromechanische Anordnung sorgten außerdem stets dafür, dass die Mühle immer in den Wind gedreht wurde und somit optimal Elektrizität produzieren konnte. Ein Kettengetriebe sorgte für die Kraftübertragung auf den Generator.

Johannes Juul hatte sich sein Wissen innerhalb der Windmühlen-Technologie und Aerodynamik selbst erarbeitet. Als 17-jähriger nahm er an einem von Professor la Cour an der Volkshochschule in Askov abgehaltenen Kursus für ländliche Elektriker teil. La Cour hat im Jahre 1891 Dänemarks erste Elektrizität-produzierende Windmühle gebaut.

Eigene Experimente mit Windmühlen begann Juul als Angestellter des Elektrizitätswerkes SEAS nach dem 2. Weltkrieg., unter anderem mit kleineren Mühlen bei Vester Egesborg und Bogø.

Die Bogø Mühle. Foto geliehen vom Energiemuseum

Juul's Mühle bei Bogø hatte das gleiche Design wie später die Gedser Mühle. Im Grunde genommen ist die Gedser Mühle nur eine große Ausgabe der Bogø Mühle. Wie er von Professor la Cour in Askov gelernt hatte, zeichneten sich Juul's Mühlen durch ein großes Maß an Einfachheit, Robustheit und Zuverlässigkeit aus.

Wie auch die Bogø Mühle wurde die Gedser Mühle mit Draht und Verstrebungen als Verstärkung und Stabilisierung zwischen den Flügeln ausgestattet. Juul sagte selbst, dass seine Mühle sich nicht auseinanderreißen durfte. Die Mühle sollte ganz einfach, solide und gut funktionieren.

Turm und Stützpfeiler

Die gemachten Erfahrungen der während des zweiten Weltkriegs aufgestellten Gleichstrom-Windmühlen der Firma F.L. Smidth wurden bei der Konstruktion der Gedser Mühle angewandt.

Weil es damals schwierig war, Stahl zu beschaffen und man leichter Zement bekommen konnte, wurden die Türme aus Beton hergestellt. Die ersten Türme waren noch ohne Stützpfeiler. Als man jedoch große Risse an den Seiten feststellte, wurden ab 1942 an vier Seiten der Türme bis etwa auf halber Höhe Stützpfeiler gegossen. So gelangte man zum Design der Gedser Mühle.

Der Vorschlag Fiberglas auf die Spitzen der Flügel zu setzen wurde abgelehnt

Aus Gesprächsnotizen aus jener Zeit wissen wir, das Johannes Juul für die Gedser Mühle gerne ein besseres und mehr solides Getriebe gehabt hätte. Doch dafür fehlten leider die Mittel. Die heutigen Getriebe sind erheblich verbessert. Er hätte auch gerne Fiberglas an die Flügelspitzen gesetzt, wurde jedoch im für den Bau der Mühlen verantwortlichen Ausschuss überstimmt. Heute sind die allermeisten Mühlen-Flügel aus Fiberglas.

Johannes Juul hatte einen praktischen und experimentierenden Zugang zur Konstruktion von Windmühlen. Er hat sich – im Gegensatz zu ausländischen Mühlendesignern – in den Konstruktionarbeiten langsam von unten nach oben hochgearbeitet, während diese sich hauptsächlich auf theoretische Aspekte gestützt haben.

Mehrere der großen ausländischen Windmühlen hatten zwei Flügel, bei denen die Windkraft auf die Rückseite einwirkte. Die meisten dänischen Windmühlenhersteller hielten sich an Juul's Vorgaben.

Sie bauten zunächst kleinere Mühlen, die dann über die Jahre immer größer und leistungsfähiger wurden. Schon auf dem in den 1980er Jahren entstanden großen Windmühlenmarkt in Californien gelang es dänischen Herstellern, ihre amerikanischen Konkurrenten zurückzudrängen.

Die Gleichstrom-Windmühlen der von der Firma F.L.Smidth im zweiten Weltkrieg aufgestellten Mühlen waren das Vorbild für die Gedser Mühle. Foto: Geliehen vom Energiemuseum

Die im Jahre 1978 von den Lehrern und Schülern der Tvind Schule gebaute Tvind Mühle hatte drei Flügel aus Fiberglas, wo jedoch die Windkraft auf die Rückseite der Flügel einwirkte. Die Mühle wurde nach Vorgaben des deutschen Professors Ulrich Hüttinger gebaut, der auch eine Reihe von deutschen und amerikanischen Mühlen entworfen hat.

Hüttinger und Juul kannten sich gut, waren jedoch uneinig darüber, wie Windmühlen auszusehen hatten. Juul starb im Jahre 1969, und erlebte deshalb nicht mehr, wie die Gedser Mühle zur Grundlage für Dänemarks Stellung auf dem Weltmarkt wurde.

Die 2000 kW Tvind Mühle, im Jahre 1978 von den Lehrern und Schülern der Tvind Schule gebaut. Sie hatte drei Flügel aus Fiberglas und war nach Vorgaben von Professor Ulrich Hüttinger gebaut.
Foto: geliehen vom Energiemuseum

Juul's vorausschauende Visionen wurden Wirklichkeit

Als der staatliche Windkraft-Ausschuss im Jahre 1962 über die Zukunftsmöglichkeiten der Windkraft befinden sollte, waren die Produktionskosten in Øre/kWh von Wind-Strom erheblich höher als bei Kohle-Strom. Trotz dieser Tatsache stimmte Juul nicht mit dem Ausschuss überein, dass die Anwendung von Windmühlen zu teuer war. Ferner wurde Juul es untersagt, in dem Abschlussbericht seine Argumente für die Zukunftsperspektiven der Windenergie vorzubringen.

Juul's Gesitspunkte wurden später in der Zeitschrift „*Elektroteknikeren*" veröffentlicht:

1. Einsparung beim Import von Brennstoffen
2. Die mögliche Reservekapazität bei der Stromproduktion, insbesondere an windreichen und kalten Tagen, wenn die Nachfrage nach Elektrizität zu Heizzwecken groß war
3. Der Bau von Windkraftanlagen kann der Situation am Arbeitsmarkt angepasst werden
4. Wenn es gelingen könnte, dänische Windkraftanlagen mit norwegischen und schwedischen Wasserkraftwerken zusammen zu koppeln, würde die Anwendung dieser verschiedenen Naturkräfte von erheblichem ökonomischen Vorteil sein.
5. Die dänischen Industrie würde vom Export dieser Windmühlen erhebliche Vorteile haben.

Heute wissen wir, dass Juul Recht hatte und seine Vision Wirklichkeit geworden ist.

Die beiden Nibe Mühlen mit eine Kapazität von je 750 kW wurden in den Jahren 1978-1980 unter anderem mit der Gedser Mühle als Vorbild gebaut. Foto: geliehen vom Energiemuseum.

Die Gedser Mühle überlebte die ablehnende Haltung des Windkraft-Ausschusses des dänischn Energiewerksverbandes . Mit steigenden Preisen für Rohöl und Kohle in den 1970er Jahren wurde die Mühle in Zusammenarbeit mit dem amerikanischen Energie-Ministerium wieder in Betrieb genommen. Nach einer gründlichen Überholung lief die Mühle 1977 – 1978 und vermittelte eine Menge Erfahrung zum Nutzen zukünftiger Generationen von Windmühlen.
Gleichzeitig wurde beschlossen, dass die dänischen Elektrizitätswerke zwei große Windmühlen bei Nibe mit der Gedser Mühle als Vorbild errichten sollten.

Die Nibe Mühlen mit einer Kapazität von jeweils 750 kW wurden 1978 errichtet. Die erste Mühle (Nibe A) war eine direkte Vergrößerung der Gedser Mühle, wohin gegen man mit der zweiten Mühle (Mühle B) verschiedene Versuche durchführte. So waren beispielsweise bei Mühle B die Flügel im Winkel drehbar – im Gegensatz zur Stall-regulierten Mühle A.

Der Betrieb der Nibe Mühlen gab dänischen Ingenieuren und Technikern wertvolles Wissen und Erfahrung, das in zukünftige Windmühlen einfließen konnte.

Die Versuche mit den Nibe Mühlen zeigten, dass die Stall-Regulierung an den Flügeln bei großen Windmühlen nicht sehr geeignet war. Nichts desto weniger benutzen eine Reihe von dänischen Windmühlen-Herstellern weiterhin das von Juul bei der Gedser Mühle angewandte Brems-Prinzip.

Als der Welt erste Meeres-Windmühlenpark 1991 in Vindeby (nördlich von Lolland) eingeweiht wurde, liefen 11 Bonus (heute: Siemens) Mühlen mit einer Kapazität von je 450 kW mit der Stall-Regulierung.

Elf Bonus Mühlen mit je 450 kW wurden 1991 in Vindeby als der erste Meeres-Windmühlenpark der Welt eingeweiht. Die Flügel drehten sich mit der von Juul bei der Gedser Mühle entwickelten Stall-Regulierung.

Die Gondel und Flügel der Gedser Mühle wurden 1993 abgebaut und zum Energiemuseum nach Bjerringbro gebracht, wo sie zur Erbauung der vielen Besucher ausgestellt sind. Auf dem Gelände des Museums befindet sich ebenfalls eine Riisager Mühle aus dem Jahre 1978, die in Anlehnung an das Design der Gedser Mühle gebaut wurde.

Die Riisager Mühle hatte ebenfalls drei stall-regulierte Flügel mit dazwischen eingebauten Verstärkungen. Als Generator diente ein asynchron laufender Motor. Ursprünglich hatte die Mühle keine Flügelbremsen, die jedoch später als Bremsklappen auf der Rückseite der Flügel eingebaut wurden.

Gondel und Flügel der Gedser Mühle wurden 1993 abgebaut und zum Energiemuseum verbracht. Die Flügel waren in einem schlechten Zustand und konnten zunächst nicht ausgestellt werden.
Erst 2004 wurde durch Spenden eine Instandsetzung der Flügel ermöglicht, sodass sie jetzt als das Meisterwerk von Johannes Juul im Museum zu sehen sind.
Foto: entliehen vom Energiemuseum

Schulklassen zu Besuch im Energiemuseum Bjerringbro

Das Museum änderte 2011 seinen Nahmen von Elektrizitätsmuseum in Energiemuseum, wie übrigens auch andere Gesellschaften den Fokus von Elektrizität auf Energie geändert haben.
Windkraft als erneuerbare Energie hat von Anfang an für das Museum eine zentrale Rolle gespielt.
Geografisch liegt das Museum dicht bei Dänemarks größtem Wasserkraftwerk „Gudenaacentralen" , was auch eines der Themen bei den Führungen des Museums ist. Überhaupt sind die Themen Wind, Wasser und Sonne, erneuerbare Energie und Windmühlen die Bereiche, worüber am meisten gesprochen wird.

Das Museum bietet auch zwei Kurse an: „Der kleine Windmühleningenieur" und „Der große Windmühlen-ingenieur". In beiden Kursen können die Besucher in kleinen Gruppen Windmühlen bauen und dazugehörige Experimente machen. In einer Gruppe werden Flügel mit einem kleinen Generator verbunden, und dann im Windtunnel des Museums getestet. Die Flügel können in verschiedenen Positionen am Generator befestigt werden, werden aber während des Tests nicht verändert. Die Ergebnisse der verschiedenen Versuche werden anschließend in einen kleinen Physik-Bericht geschrieben, so dass die Schüler hinterher vergleichen können, welcher Typ Mühle am besten funktioniert hat, und welcher schlecht. Die Strom-Produktion kann man an einer Reihe von kleinen Lampen sehen, die auf einer Schalttafel eingebaut sind. In einer anderen Arbeitsgruppe baut man Turm und Flügel aus Pappe, Klebeband und Papier. Die Schüler können auf diese Weise etwas darüber lernen, wie man experimentiert und versuchen es genauso wie Johannes Juul zu machen.

Als Einleitung wird den Schulklassen die Geschichte über Johannes Juul und seine Windmühlen erzählt, und die Kinder können sich die Gondel und die Flügel der Gedser Mühle genau anschauen. Gleichzeitig können sie etwas über die Riisager Mühle lernen, die ebenfalls festsitzende Flügel besaß. Diejenigen, die jetzt gut zugehört haben, können prüfen, ob Juul Recht gehabt hat, drei Flügel zu wählen.

Aber man kann auch eine andere Anzahl wählen, und die Einstellung der Flügel variieren.

Bei den Führungen wird großes Gewicht auf den experimentellen Charakter von Juuls Versuchen zur Herstellung von strom-produzierenden Windmühlen gelegt. Es ist eine spannende Geschichte, die hoffentlich junge Menschen motivieren kann, weiter an neuen Wegen zur zukünftigen Energie-Produktion zu arbeiten.

Das Museum zeigt in einer permanenten Ausstellung die gesamte dänische Windmühlen-Geschichte, von la Cours ersten Versuchen bis hin zu den moderne Off-Shore Windmühlen-Parks, wie sie vor der Ostsee- und Nordsee Küste gebaut werden. Und selbstverständlich haben die Arbeiten von Johannes Juul und die Gedser Mühle eine herausragende Platzierung in der Ausstellung. Das die Besucher die alte Gondel und die Flügel der Gedser Mühle bewundern können, trägt zu einem ausgezeichneten Gesamteindruck bei. Es ist das Verdienst des Museums, verschiedenes Archivmaterial von sowohl der Gedser Mühle, als auch von den Nibe, Tjæreborg und anderen Mühlen gesammelt zu haben.

Gondel und Flügel der Gedser Mühle wurden 1993 abgebaut und zum Energiemuseum verbracht. Die Flügel waren in einem schlechten Zustand und konnten zunächst nicht ausgestellt werden.
Erst 2004 wurde durch Spenden eine Instandsetzung der Flügel ermöglicht, sodass sie jetzt als das Meisterwerk von Johannes Juul im Museum zu sehen sind.
Foto: entliehen vom Energiemuseum

Quellenangabe:

Seite „Gedser Windkraftanlage". In: Wikipedia, Die freie Enzyklopädie. Bearbeitungsstand: 8. Januar 2015, 21:47 UTC. URL: https://de.wikipedia.org/w/index.php?title=Gedser_Windkraftanlage&oldid=137581393 (Abgerufen: 22. Juni 2015, 14:01 UTC)

Gedser wind turbine. (2014, August 17). In *Wikipedia, The Free Encyclopedia*. Retrieved 06:03, May 27, 2015, from http://en.wikipedia.org/w/index.php?title=Gedser_wind_turbine&oldid=621604600

NASA wind turbines. (2015, May 20). In *Wikipedia, The Free Encyclopedia*. Retrieved 06:07, May 27, 2015, from http://en.wikipedia.org/w/index.php?title=NASA_wind_turbines&oldid=663320645

Gedser Test Group's "Interim Report on the Measurement on the Gedser Wind Mill". September - 1978 1st ed. January 1979 2nd ed.

Präsentation des dänischen Kultusministerium über das Projekt „ Kulturkanon"
– KUM_kulturkanonen_OK2(1).pdf, downloadet april 2015

Literatur:

Christensen, Benny og Thorndahl, Jytte: **Fra Husmøller til Havmøller. Vindkraft i Danmark i 150 år.** Energimuseet, Nordisk Folkecenter for Vedvarende Energi, Poul la Cour Museet, Danmarks Vindkrafthistoriske Samling. 2012

Nielsen, Kristian Hvidtfeldt: **International Perspectives on the History of Danish Windpower.**
In "Wind Power. The Danish Way". The Poul la Cour Foundation. 2009.

Thorndahl; Jytte: **Gedsermøllen - den første moderne vindmølle.** Elmuseet. 2005.

Thorndahl, Jytte: **Johannes Juul and the Birth of Modern Wind Turbines. In "Wind Power. The Danish Way".** The Poul la Cour Foundation. 2009.